El autobús mágico
en el fondo del mar

El autobús mágico
en el fondo del mar

por Joanna Cole   Ilustrado por Bruce Degen
Traducido por Fernando Bort
con la colaboración de José Luis Cortes

SCHOLASTIC INC.
New York   Toronto   London   Auckland   Sydney

Original title: *The Magic School Bus on the Ocean Floor*

ISBN 0-590-47506-1

10 9 8 7 6 5 4 3 2   4 5 6 7 8 9/9

Printed in the U.S.A.   08

First Scholastic printing, September 1993

Original edition: September 1992

Para los dibujos de este libro, el ilustrador utilizó pluma y tinta,
acuarela, lápices de colores y aguada.

**Solamente se señalan los nombres de las plantas y animales marinos
la primera vez que aparecen en el libro.**

La autora y el ilustrador agradecen al Dr. John D. Buck, catedrático de Oceanografía del Instituto de Oceanografía de la Universidad de Connecticut, por su ayuda en la preparación de este libro.

También agradecen la colaboración y el asesoramiento de la Dra. Susan Snyder, directora de programación y formación del profesorado del National Science Foundation; el Dr. Michael Reeve, División de Ciencias Marítimas del National Science Foundation; Cindy Stong, profesora de Biología Marina de la Universidad Estatal Bowling Green; el Sr. Maxwell Cohen; el personal del Acuario Nacional de la Ciudad de Baltimore; el Thames Science Center, New London, Connecticut; y el Museo Americano de Historia Natural.

Para Margo, Bruce, Emily y Beth, con amor
J.C.

Para mamá y papá y esos veranos en la playa
B.D.

Menos mal que la clase estaba acabando
porque hacía un calor horrible.
Llevábamos varias horas haciendo un trabajo
sobre el mar.
Le señorita Carola estaba feliz de lo bien que iba,
pero nosotros estábamos agotados y achicharrados.

NADADORES DEL MAR
Clara, Juan y Rafa

PEZ. Mueve la cola de un lado a otro.

BALLENA. Mueve la cola de arriba abajo.

MEDUSA. Abre su cuerpo como un paraguas, y lo cierra rápidamente para impulsarse hacia arriba.

CALAMAR. Lanza un chorro de agua para impulsarse a reacción hacia adelante o hacia atrás.

VIEIRA. Abre y cierra rápidamente sus valvas para impulsarse.

Éste es mi modelo de un HUMUHUMUNUKUNUKUAPUAA, UN PEZ QUE VIVE EN HAWAII (EL NOMBRE ES MÁS LARGO QUE EL PEZ) Paco

Estábamos terminando un mural sobre cómo nadan los animales marinos, cuando alguien exclamó:
—¡Ojalá pudiéramos ir *nosotros* a nadar!

La señorita Carola levantó la vista.

—Por cierto, niños, mañana vamos de excursión al mar –nos anunció.

—¡Bien! –exclamamos todos.

A veces, eso de tener una maestra tan rara es fenomenal.

¿HA DICHO AL MAR?

¿PODREMOS BAÑARNOS Y JUGAR?

¿LO DICE EN SERIO?

¡NO PREGUNTES! VEN MAÑANA CON LA BOLSA DE PLAYA.

¿POR QUÉ ES SALADO EL MAR?

Tom

Gran parte de la sal que hay en el mar procede de las rocas. Las rocas contienen sal. Cuando el agua desgasta las rocas, la sal se queda en el agua.

SAL 1LB

SAL 1LB

Un pie cúbico de agua de mar contiene unas 2 libras de sal.

CASI TODA LA SAL QUE HAY EN EL MAR ES COMO LA QUE PONEMOS EN LA COMIDA.

Al día siguiente, todos fuimos a la escuela
con el traje de baño puesto.
Nos montamos en el autobús
y la *Escarola* puso el motor en marcha.
¡Estábamos dispuestos a divertirnos
un montón en la playa bajo el sol!

Cuando llegamos a la playa,
todos queríamos bajar del autobús.
Pero, ¿a qué no adivinan lo que pasó?
Pues que la *Escarola* no paró:
se metió por la playa,
pasó junto al puesto del salvavidas
y llegó hasta la orilla del mar.

LA MAREA SUBE Y BAJA
TODOS LOS DÍAS
Raquel

Hay marea alta cuando el mar asciende y cubre parte de la costa. Cuando el agua desciende y deja al descubierto parte de la costa que antes estaba cubierta por el agua, hay marea baja.

MAREA ALTA   MAREA BAJA

La causa principal de las mareas es la atracción que ejerce la Luna sobre la Tierra y sus océanos.

—Ahora estamos en la zona de mareas —explicó la señorita Carola—, o sea la parte de la costa que queda cubierta por el agua durante la marea alta, y descubierta durante la marea baja.

AQUÍ ESTOY RESCATANDO A UNA ABUELITA... Y ÉSTA ES UNA DE MIS MÁS FAMOSAS HAZAÑAS: CUANDO SALVÉ A MUFI, UN PERRITO MUY CARIÑOSO

Mmmmm...

Mmmmm...

SALVAVIDAS

EL VACACIONES
COME, NADA, DUERME
EL TIEMPO

Mi vida en un charco

Como estaba bajando la marea,
vimos por las ventanillas varios charcos
de agua de mar.
Pensábamos que la *Escarola* iba a parar el autobús,
pero no tuvimos esa suerte.
Siguió adelante a toda velocidad.

De repente, surgió una misteriosa ola.
La señorita Carola abrió la puerta
y el salvavidas vino a parar dentro
del autobús.
Por las ventanillas ya sólo veíamos agua.
Nos pusimos a gritar y cerramos los ojos.

Cuando volvimos a abrir los ojos,
todo estaba en calma.
Nos encontrábamos bajo el mar,
y se habían producido algunos pequeños
cambios: el autobús se había convertido en
un submarino, y nosotros llevábamos
puesto un equipo de buceo.
¡Nos lo tendríamos que haber imaginado!
¡Ésta era otra extraña excursión
de la señorita Carola!

TRANQUILOS, CHICOS, YO LOS
RESCATARÉ. ÉSE ES MI TRABAJO.

ESPERA UN POCO.

LA "ESCAROLA" NO HA
HECHO MÁS QUE EMPEZAR.

YA NO HAY QUIEN
LA PARE.

ATÚN

CALAMAR

LENGUADO

ANÉMONA DE MAR

Más abajo, en el lecho fangoso,
las langostas cazaban cangrejos,
y las estrellas de mar abrían las almejas
con sus brazos.
Las medusas nadaban alrededor,
atrapando pececillos
con sus tentáculos urticantes.
¡El mar rebosaba de vida!

MEDUSA

¿SON PECES TODOS LOS ANIMALES MARINOS?

Gregorio

Los peces tienen branquias, aletas y una columna vertebral, ya que son vertebrados.

Muchos animales marinos son *invertebrados*, es decir, sin columna vertebral.

He aquí algunos:

MEDUSA

ESTRELLA DE MAR

MOLUSCOS~CRUSTÁCEOS

VIEIRA   MEJILLÓN   CARACOL   CANGREJO

LA MAYOR PARTE DEL MARISCO QUE COMEMOS PROCEDE DE AQUÍ, TEO, DE LA PLATAFORMA CONTINENTAL.

YO PENSABA QUE PROCEDÍA DE LAS PESCADERÍAS...

NÉCORA

LANGOSTA

BUCCINOS

ESTRELLA DE MAR

ALMEJA

VIEIRA AZUL

LOS TIBURONES SON PECES
María

La mayoría de los tiburones son rápidos nadadores y tienen dientes afilados como cuchillos. Suelen comer animales marinos, como cangrejos, peces, focas e, incluso, otros Tiburones.

ALGUNAS ESPECIES DE TIBURONES
TIBURÓN BLANCO

← PEZ MARTILLO

PEZ ZORRO →

TIBURÓN NODRIZA →

UN ESQUELETO DISTINTO
Rafa

Los tiburones no tienen huesos como los demás peces. Su esqueleto está formado por cartílago, el mismo material flexible que tenemos nosotros en las orejas y en la punta de la nariz.

¡Horror! ¡Las sombras eran tiburones tigre! La señorita Carola nos dijo que no nos preocupáramos, porque los tiburones no suelen comer personas.

—Hay poquísimos casos cada año de tiburones que hayan atacado a las personas —afirmó la *Escarola*.

Sus palabras no nos tranquilizaron nada. ¡Estábamos muertos de miedo!

TIBURONES TIGRE

LOS HUMANOS NO SON LA DIETA PRINCIPAL DE LOS TIBURONES TIGRE, PERO PUEDEN ATACAR SI TIENEN ALGUNO CERCA.

¡HUY! ¡NOSOTROS ESTAMOS CERCA!

De pronto, un enorme tiburón ballena se vino hacia nosotros.
—Los tiburones ballena jamás hacen daño a las personas.
Sólo comen plancton –afirmó la señorita Carola.
El tiburón ballena nadó hacia el fondo,
y nosotros lo seguimos.
Dejamos atrás la plataforma continental,
y nos sumergimos cada vez a mayor profundidad,
siguiendo una pendiente muy inclinada llamada
talud continental. Nos estábamos dirigiendo hacia la
llanura abisal, el fondo marino más profundo.

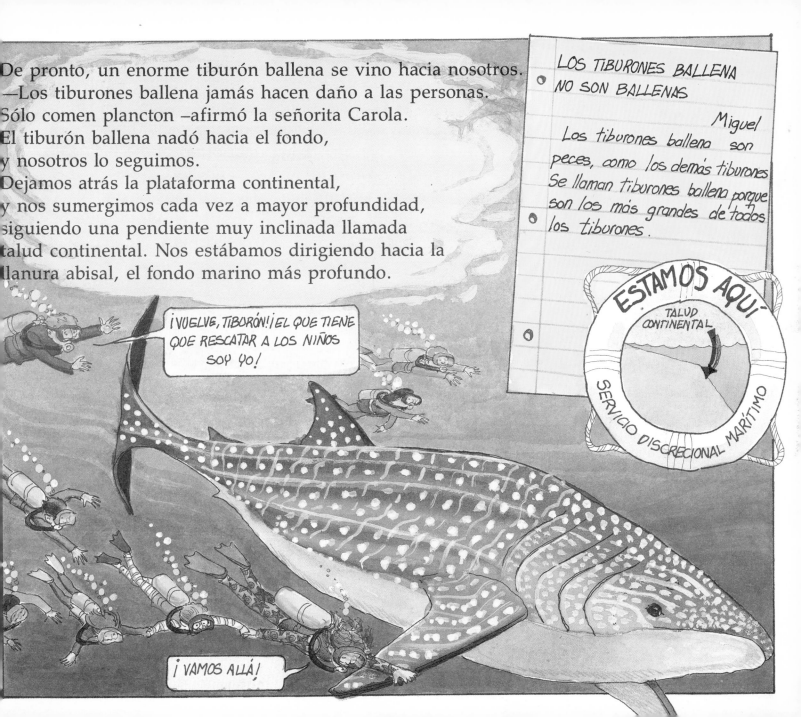

¿ES LLANA LA LLANURA ABISAL?

Iván

La mayor parte del fondo oceánico es plano, pero no todo. Los valles más profundos y las montañas más altas del mundo se encuentran bajo el océano.

Los valles submarinos se llaman <u>fosas</u>.

La fosa más honda que se conoce tiene 7 millas de profundidad.

LAS ISLAS SON CUMBRES DE MONTAÑAS

Teo

Cuando la cima de una montaña submarina asoma sobre la superficie del mar, se le llama isla.

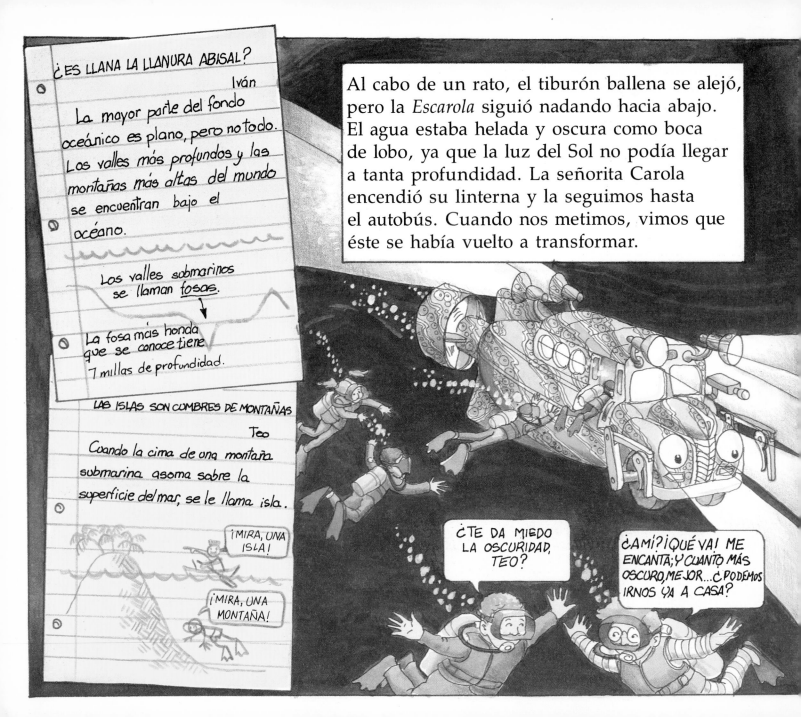

Al cabo de un rato, el tiburón ballena se alejó, pero la *Escarola* siguió nadando hacia abajo. El agua estaba helada y oscura como boca de lobo, ya que la luz del Sol no podía llegar a tanta profundidad. La señorita Carola encendió su linterna y la seguimos hasta el autobús. Cuando nos metimos, vimos que éste se había vuelto a transformar.

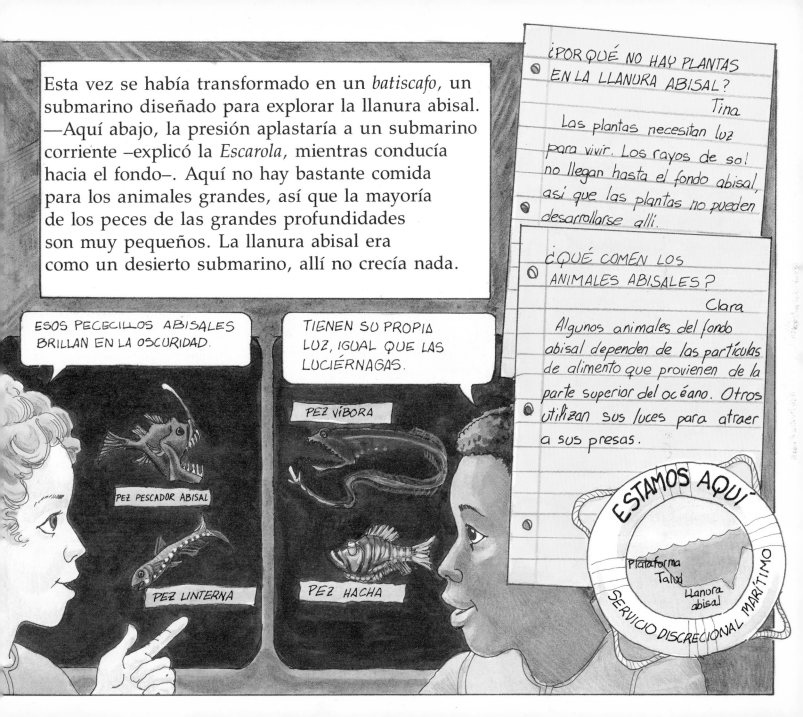

Esta vez se había transformado en un *batiscafo*, un submarino diseñado para explorar la llanura abisal.
—Aquí abajo, la presión aplastaría a un submarino corriente –explicó la *Escarola*, mientras conducía hacia el fondo–. Aquí no hay bastante comida para los animales grandes, así que la mayoría de los peces de las grandes profundidades son muy pequeños. La llanura abisal era como un desierto submarino, allí no crecía nada.

ESOS PECECILLOS ABISALES BRILLAN EN LA OSCURIDAD.

TIENEN SU PROPIA LUZ, IGUAL QUE LAS LUCIÉRNAGAS.

PEZ PESCADOR ABISAL

PEZ LINTERNA

PEZ VÍBORA

PEZ HACHA

¿POR QUÉ NO HAY PLANTAS EN LA LLANURA ABISAL?

Tina

Las plantas necesitan luz para vivir. Los rayos de sol no llegan hasta el fondo abisal, así que las plantas no pueden desarrollarse allí.

¿QUÉ COMEN LOS ANIMALES ABISALES?

Clara

Algunos animales del fondo abisal dependen de las partículas de alimento que provienen de la parte superior del océano. Otros utilizan sus luces para atraer a sus presas.

ESTAMOS AQUÍ

Plataforma
Talud
Llanura abisal

SERVICIO DISCRECIONAL MARÍTIMO

¿CÓMO SE FORMAN LAS CHIMENEAS?

Paco

Cuando el agua del mar penetra por una grieta del fondo oceánico baja hasta donde se hallan las rocas ardientes. Allí, el agua hierve y vuelve a salir a presión por la grieta.

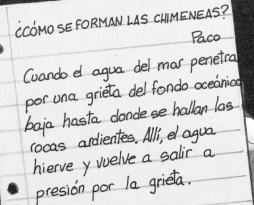

AGUA

LAVA

¿CÓMO SE PRODUCEN LOS ALIMENTOS EN UNA ZONA CON CHIMENEAS?

Clara

Unas bacterias especiales fabrican su propio alimento utilizando la energía del calor y el sulfuro de hidrógeno que salen de las chimeneas. Este alimento sirve de base al resto de los seres que viven junto a ellas.

De repente, apareció delante de nosotros una pequeña zona repleta de vida. Parecía un jardín submarino con toda clase de extraños animales.

—He aquí unas chimeneas, niños –dijo la *Escarola*– Las chimeneas se forman cuando el agua marina se filtra por una grieta en el fondo oceánico. El agua se calienta en contacto con el magma y vuelve a salir mezclada con un gas, el sulfuro de hidrógeno.

EN UNA ZONA CON CHIMENEAS HAY COMIDA SUFICIENTE PARA MUCHOS ANIMALES GRANDES.

ESOS GUSANOS TUBÍCULAS PARECEN LÁPICES DE LABIOS GIGANTES.

ALMEJAS GIGANTES (1 pie o más)

GUSANOS TUBÍCULAS GIGANTES (de 8 a 10 pies)

¿CÓMO SE FORMA UN ARRECIFE DE CORAL?

Amanda

Cada pólipo de coral forma un esqueleto mineral a su alrededor. El arrecife está formado por una capa de pólipos de coral vivos que crecen sobre una muralla de millones de esqueletos muertos.

Tamaño real de algunos pólipos de coral típicos

Cada "granito" es un pólipo de coral

¿CÓMO COMEN LOS PÓLIPOS DE CORAL?

Raquel

Los corales suelen alimentarse de noche. Del esqueleto pétreo del coral surgen unos brazos minúsculos que capturan el plancton y lo introducen en la boca del pólipo.

BOCA
BRAZOS
ESQUELETO

PÓLIPO DE CORAL DURANTE EL DÍA

EL MISMO PÓLIPO POR LA NOCHE

Pronto nos encontramos navegando sobre el mar.
Nos dirigíamos hacia una isla soleada y nuestro autobús se había convertido en una barca con fondo de cristal.
A través del cristal pudimos ver como una muralla de rocas de colores.
La señorita Carola nos dijo que era un arrecife de coral, formado por diminutos animales llamados *pólipos*.
Nos zambullimos en el agua y comenzamos a explorar.

¡NO SE ALEJEN MUCHO! ¡AÚN NO HE TERMINADO DE SALVARLOS!

NO SABÍA QUE HABÍA EMPEZADO.

HACE LO QUE PUEDE.

SALVAVIDAS

PLUMAS DE MAR

El arrecife estaba formado
por muchas clases distintas de coral.
Algunos parecían arbustos,
otros parecían abanicos o dedos.
Algunos incluso parecían ¡un cerebro humano!

—Los arrecifes de coral son un buen hogar
para muchas plantas y animales marinos
–dijo la *Escarola*.
Vimos cangrejos, langostas, anguilas enormes,
pulpos, babosas marinas, erizos de mar
y los peces más coloridos del mundo.

Por desgracia, la señorita Carola dijo
que era hora de volver.
Nadie quería quedarse allí solo,
así que nos subimos a bordo.
La *Escarola* pisó el acelerador,
y el autobús se alejó del arrecife traqueteando.

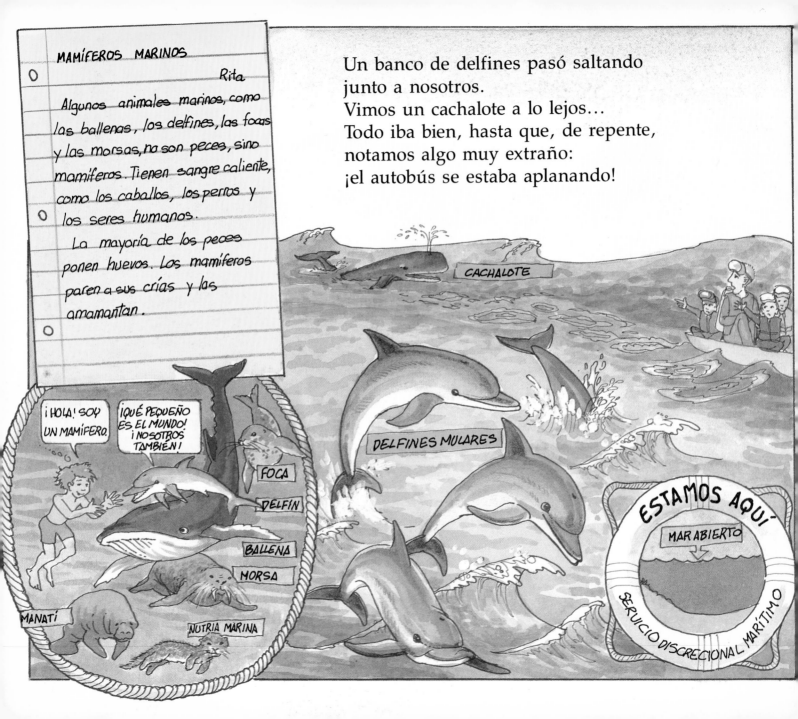

MAMÍFEROS MARINOS

Rita

Algunos animales marinos, como las ballenas, los delfines, las focas y las morsas, no son peces, sino mamíferos. Tienen sangre caliente, como los caballos, los perros y los seres humanos.

La mayoría de los peces ponen huevos. Los mamíferos paren a sus crías y las amamantan.

Un banco de delfines pasó saltando junto a nosotros.
Vimos un cachalote a lo lejos…
Todo iba bien, hasta que, de repente, notamos algo muy extraño:
¡el autobús se estaba aplanando!

Como de costumbre, la señorita Carola
fue la única que no perdió la calma.
Se dirigió hacia una corriente marina
que nos arrastró a gran velocidad
durante miles de millas.
Después de un rato, por fin, divisamos nuestra playa.

¿POR QUÉ ROMPEN LAS OLAS GRANDES CERCA DE LA COSTA?

Carmen

En aguas poco profundas, la parte inferior de una ola roza el fondo del mar y se frena.

La parte superior sigue avanzando deprisa, hasta que cae hacia delante, es decir, rompe.

LA CRESTA SIGUE AVANZANDO DEPRISA

EL FONDO FRENA LA OLA

—¡Permanezcan *sobre* el autobús!
–gritó la *Escarola*.
Sí, tenía razón al decir sobre el autobús, porque éste se había transformado ¡en una tabla de surf gigante!

ÉSTE ES EL RESCATE MÁS IMPORTANTE DE MI CARRERA.

¡ENHORABUENA, LEONARDO!

¡TÚ VALES MUCHO!

PELÍCANOS

Teníamos que permanecer de pie sobre la tabla, mientras nos dejábamos llevar por una enorme ola hacia la costa.

Al final, aquella ola gigante nos barrió
de la tabla y toda la clase acabó bajo el agua.
Lo siguiente que supimos es que el mar
nos había arrojado hasta la orilla.

Nuestros trajes de buceo habían desaparecido,
y el autobús tenía su aspecto de siempre.
Estaba ya en el estacionamiento,
como si no hubiera pasado nada.
Le dimos las gracias a Leonardo
y nos pusimos en camino hacia la escuela.

Una vez en clase,
hicimos un mural inmenso
sobre el mar.

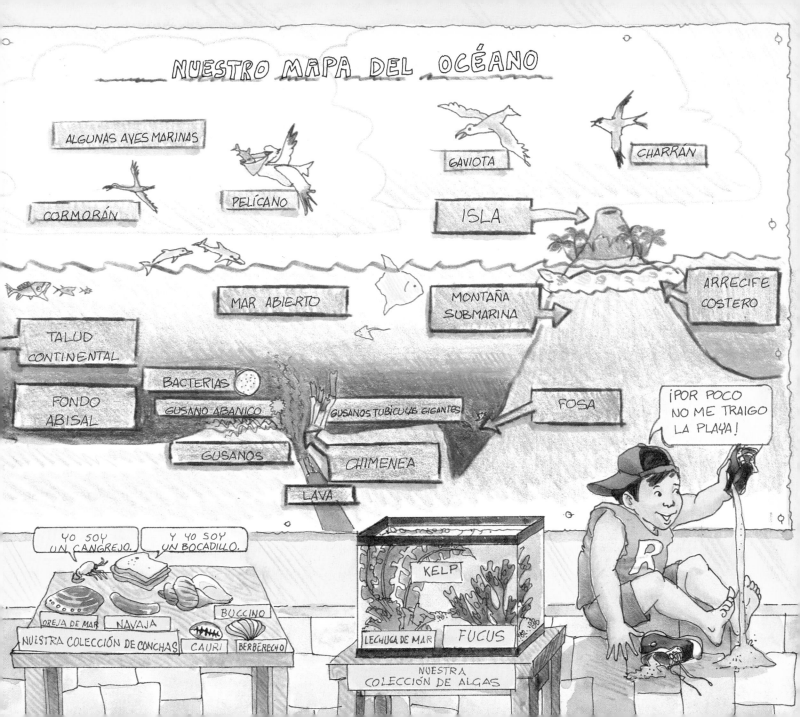

Por fin llegó la hora de regresar a casa.
¡Menos mal que era viernes!
Después de aquella agotadora excursión marina,
dos días de descanso nos vendrían la mar de bien.

¿VERDADERO O FALSO?

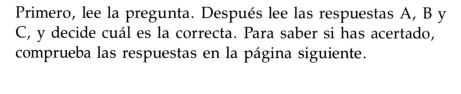

Primero, lee la pregunta. Después lee las respuestas A, B y C, y decide cuál es la correcta. Para saber si has acertado, comprueba las respuestas en la página siguiente.

PREGUNTAS

1. En la vida real, ¿qué pasaría si un autobús se metiera en el mar?
   A. El autobús se convertiría primero en un submarino, luego en un batiscafo, después en una barca con fondo de cristal y, por último, en una tabla de surf.
   B. El autobús seguiría siendo un autobús.
   C. El autobús se convertiría en un patito de goma.

2. ¿Es posible explorar todo el océano en un solo día?
   A. Sí, si viajas en una almeja gigante.
   B. No, es imposible explorar todo el océano en un día. Se necesitan meses para hacerlo, incluso si viajas a lomos de una ballena.
   C. Quizá. Depende de lo que dure el día.

3. En la vida real, ¿pueden hablar los animales marinos?
   A. Sí, pero sólo cuando tienen algo importante que decir.
   B. Sí, pero salen muchas burbujas.
   C. No. Los animales marinos no hablan.

RESPUESTAS

1. La respuesta correcta es la B. Un autobús no se puede transformar por arte de magia en ninguna otra cosa. Tampoco puede navegar bajo el mar. Si se sumergiera, el agua entraría dentro y el autobús se hundiría.

2. La respuesta correcta es la B. Hace falta mucho tiempo para viajar miles de millas por el agua. Incluso las ballenas necesitan varios meses para migrar de una parte del océano a otra.

3. La respuesta correcta es la C. Es cierto que muchos peces producen sonidos, y que las ballenas y delfines parecen comunicarse de un modo especial. Pero los animales marinos no utilizan el lenguaje humano, y nadie ha oído nunca a una estrella de mar contar un chiste.

Joanna **C**ole nunca ha explorado el fondo del mar en un autobús escolar, pero sí ha pasado muchos veranos en la playa. La señora Cole se crió cerca de las costas de New Jersey y sus más gratos recuerdos son cuando recogía conchas marinas y cangrejos, hacía castillos de arena y se dejaba llevar por olas gigantescas. En la actualidad, la señora Cole disfruta mucho escribiendo libros de ciencia para niños, tales como los de la colección *El autobús mágico.* Fue galardonada en 1991 con el premio Washington Post/Children's Book Guild por la totalidad de su obra. Después de trabajar de maestra y de editora de libros infantiles, la señora Cole ahora dedica todo su tiempo a escribir. Reside en Connecticut con su esposo y su hija.

Bruce **D**egen recuerda que de niño jugaba en la playa de Coney Island. Cuando era hora de salir del mar, siempre pretendía no escuchar cuando su mamá lo llamaba. En los últimos años, el señor Degen ha visitado muchas playas y muchos acuarios para ver de primera mano muchos de los peces que aparecen en este libro. Hizo amistad con un elefante marino en las costas de California. Ha ilustrado más de dos docenas de libros para niños. Vive en Connecticut con su esposa y sus dos hijos.